ANDERSON BARBOSA

SUCESSO
SEM MENTIRA!

DECISÃO, CRIAÇÃO E INTENCIONALIDADE.

Sucesso sem Mentira

Decisão, Criação e Intencionalidade.

Anderson Barbosa

Sumário

Dedicatória

A meu Pai Celestial, cujo amor inabalável e orientação constante moldaram minha jornada e inspiraram cada palavra deste livro. Sua presença é a rocha sobre a qual construo minha vida e meus sonhos. Em gratidão, dedico "Sucesso Sem Mentira" a Ti, meu Pai amoroso. Que este livro seja uma luz que reflete a Sua glória eterna. Como diz em Provérbios 3:6: "Reconhece-o em todos os teus caminhos, e ele endireitará as tuas veredas."

"Dedico este livro, 'Sucesso Sem Mentira', não apenas às mulheres incríveis que iluminam minha vida, mas também aos homens e à próxima geração que trazem ainda mais alegria ao meu coração:
À minha amada esposa, Vanessa Barbosa, sua presença ao meu lado torna cada conquista mais significativa. Seu amor inabalável é minha rocha.

À minha querida mãe, Jovaura Vieira, sua sabedoria, bondade e amor incondicional moldaram o homem que sou hoje. Sou eternamente grato por você ser minha mãe.

Às minhas irmãs, Fernanda e Kátia, cujo apoio inabalável e presença constante enchem meu coração de alegria. Vocês são minhas melhores amigas e confidentes.

E à minha filha Paola Anderson, meu genro Robert e meu neto Atef, que trazem uma nova dimensão de amor e felicidade à nossa família. Que suas vidas sejam sempre abençoadas com sucesso e realização.

E ao meu filho João Anderson, cuja presença enche minha vida de orgulho e alegria. Que seu caminho seja sempre iluminado com sucesso e felicidade.

Agradeço a Deus e ao Universo por me abençoarem com essas preciosidades em minha vida. Que este livro seja uma expressão do meu amor e gratidão por cada um de vocês.

Com todo o meu amor,
Anderson Barbosa"

Introdução:

A Promessa do Sucesso Verdadeiro.

Na introdução, destacamos a necessidade e o desejo universal de alcançar o sucesso, mas também reconhecemos a importância de fazê-lo de maneira autêntica e honesta. Estabelecemos a promessa do livro de explorar como é possível alcançar o sucesso sem recorrer à mentira ou à desonestidade, e como isso pode levar a uma sensação de realização mais profunda e duradoura.

A Promessa do Sucesso Verdadeiro: Uma Jornada de Autenticidade e Realização

No turbilhão da vida moderna, muitas vezes somos bombardeados com imagens de sucesso que nos induzem a acreditar que a felicidade e a realização só podem ser encontradas através da acumulação de riquezas materiais, status social e reconhecimento externo. No entanto, à medida que mergulhamos mais fundo nesta busca incessante pelo sucesso, podemos nos encontrar perdidos em um labirinto de expectativas irreais e objetivos superficiais.
No cerne dessa jornada está a busca pelo sucesso Verdadeiro uma jornada de autenticidade e realização que transcende as aparências e mergulha nas profundezas de quem realmente somos. O sucesso verdadeiro não se limita a conquistas externas; é uma jornada interior de autodescoberta, crescimento pessoal e atribuição significativa para o mundo ao nosso redor.
Neste texto introdutório, convido você a embarcar em uma jornada de exploração e reflexão sobre o que realmente significa alcançar o sucesso verdadeiro em suas próprias vidas. Vamos desvendar os mitos e expectativas que muitas vezes nos impedem de seguir o caminho da autenticidade e explorar os princípios fundamentais que nos guiarão nessa jornada transformadora.
Prepare-se para descobrir a promessa do sucesso

verdadeiro - uma promessa de viver uma vida alinhada com nossos valores mais profundos, cultivar relacionamentos genuínos e fazer uma diferença positiva no mundo ao nosso redor. Juntos, vamos nos aventurar rumo a uma vida de significado, propósito e realização autêntica.

Prefácio

Prezado leitor,

É com grande prazer e entusiasmo que compartilho com você esta obra, "Sucesso Sem Mentira". Este livro é o resultado de anos de experiência, reflexão e aprendizado no mundo dinâmico e desafiador dos negócios.

Ao longo da minha jornada como empreendedor e líder empresarial, me deparei com inúmeros dilemas éticos e morais que testaram minha integridade e valores fundamentais. Como muitos de vocês, enfrentei a pressão de alcançar o sucesso a qualquer custo, mesmo que isso significasse comprometer minha própria consciência.

No entanto, ao longo do tempo, percebi que o verdadeiro sucesso não pode ser medido apenas em termos de lucro ou status, mas sim pela integridade com que conduzimos nossas vidas e negócios. Este livro nasceu da minha convicção de que é possível alcançar altos patamares de sucesso sem perder de vista nossos princípios éticos e valores fundamentais.

"Sucesso Sem Mentira" não é apenas um manual de negócios; é um convite para uma jornada de auto exploração, reflexão e crescimento pessoal. Nele, compartilho minhas próprias experiências, bem como histórias inspiradoras de outros líderes que escolheram trilhar o caminho da integridade e ética em suas carreiras.

Ao longo destas páginas, você encontrará insights práticos, conselhos valiosos e estratégias comprovadas para alcançar o sucesso sustentável e significativo. Mais do que isso, você será desafiado a repensar suas definições de sucesso e a abraçar uma abordagem mais consciente e compassiva para os negócios e a vida.

Espero que este livro o inspire, motive e capacite a buscar o sucesso de uma maneira que seja verdadeira e autêntica para você. Que ele sirva como um farol de luz em seu caminho, lembrando-o de que o verdadeiro sucesso reside na honestidade, na integridade e na capacidade de fazer a diferença no mundo ao nosso redor.

Obrigado por embarcar nesta jornada comigo.

Com gratidão e sinceridade,
Anderson Barbosa

Capítulo 1

Definindo o Sucesso com Integridade.

No primeiro capítulo, exploramos o conceito de sucesso sem mentira. Definimos sucesso não apenas como alcançar metas e objetivos, mas também como uma jornada de integridade e honestidade consigo mesmo e com os outros. Discutimos como a verdadeira realização vem da autenticidade e da construção de relacionamentos sólidos baseados na confiança.

Examinamos os pilares fundamentais do sucesso sem mentira: ética, transparência e responsabilidade. Exploramos como esses princípios são essenciais para construir uma base sólida para o sucesso a longo prazo, tanto pessoal quanto profissionalmente.

Mergulhamos na importância de cultivar relacionamentos genuínos e significativos. Analisamos como a honestidade e a empatia são cruciais para construir conexões profundas e duradouras com os outros, e como essas relações contribuem para o nosso bem-estar e sucesso geral.

Discutimos a autenticidade como um componente-chave do sucesso sem mentira. Exploramos como se manter fiel a si mesmo, mesmo em face de desafios e pressões externas, é fundamental para alcançar uma sensação de realização genuína e duradoura.

Abordamos a questão de como superar obstáculos e adversidades mantendo-se fiel aos nossos valores e princípios. Discutimos estratégias para lidar com desafios de maneira ética e como essas experiências podem fortalecer nosso caráter e nos aproximar ainda mais do sucesso verdadeiro.

Celebramos as conquistas alcançadas ao longo da jornada de sucesso sem mentira. Enfatizamos a importância de celebrar o sucesso com humildade e gratidão, reconhecendo a contribuição dos outros em nossa jornada e mantendo sempre os pés no chão enquanto continuamos a avançar em direção aos nossos objetivos.

Recapitulamos os principais temas abordados ao longo do livro e reafirmamos o verdadeiro significado do sucesso: uma jornada de honra, integridade e autenticidade. Encorajamos os leitores a aplicar esses princípios em suas vidas diárias e a buscar o sucesso verdadeiro, baseado na verdade e na honestidade consigo mesmos e com os outros.

Capítulo 2

Desvendando Mitos sobre o Sucesso.

Neste capítulo, desafiamos os mitos comuns associados ao sucesso, como a ideia de que o sucesso está necessariamente ligado à riqueza material ou ao status social. Exploramos como essas concepções errôneas podem levar as pessoas a comprometerem sua integridade em busca de metas superficiais e ilusórias.

O sucesso é um conceito multifacetado que permeia todas as esferas da vida. Desde os negócios até os relacionamentos pessoais, o desejo de alcançar o sucesso é uma constante na jornada humana. No entanto, o que muitos não percebem é que o sucesso é frequentemente obscurecido por uma série de mitos que podem minar nossas chances de alcançá-lo. Neste livro, vamos explorar e desmascarar esses mitos, fornecendo uma visão clara e realista do que é necessário para alcançar verdadeiramente o sucesso.

O Mito do Sucesso

Instantâneo

Um dos mitos mais persistentes
sobre o sucesso é a ideia de que ele pode ser alcançado da noite para o dia.
Muitas vezes somos bombardeados com histórias de pessoas que aparentemente

alcançaram o sucesso sem esforço aparente. No entanto, por trás dessas narrativas de sucesso instantâneo geralmente há anos de trabalho árduo, sacrifício e perseverança. Neste capítulo, examinaremos de perto o mito do sucesso instantâneo e exploraremos a importância da dedicação e paciência na busca pelo sucesso verdadeiro.

O Mito do Talento

Inato

Outro mito comum é a crença de que o sucesso é reservado apenas para aqueles que possuem um talento inato ou habilidade natural. Embora o talento possa certamente desempenhar um papel, ele por si só não garante o sucesso. Na verdade, a determinação, a prática consistente e a disposição para aprender e crescer são frequentemente mais importantes do que o talento inato. Neste capítulo, desafiaremos a noção de que o talento é a única estrada para o sucesso e exploraremos o papel fundamental do trabalho duro e da resiliência.

O Mito da Sorte

Muitas vezes ouvimos pessoas atribuírem seu sucesso à sorte, como se fosse algo fora de seu controle. No entanto, o sucesso raramente é puramente uma questão de sorte. Embora oportunidades inesperadas possam surgir, é a preparação, a determinação e a capacidade de reconhecer e aproveitar essas oportunidades que realmente levam ao sucesso. Neste capítulo, examinaremos o mito da sorte e discutiremos como podemos assumir o controle de nossas próprias vidas e criar nossas próprias oportunidades.

O Mito da Perfeição

Muitas vezes, a busca implacável pela perfeição pode ser um obstáculo significativo no caminho para o sucesso. A ideia de que tudo deve ser perfeito antes de agirmos pode nos paralisar e nos impedir de avançar em direção aos nossos objetivos. Neste capítulo, exploraremos o mito da perfeição e discutiremos a importância de aceitar o fracasso como parte do processo de crescimento e aprendizado.

O Mito da Riqueza

Como Medida de Sucesso!

Em uma sociedade que frequentemente associa o sucesso à riqueza material, é fácil cair na armadilha de medir nosso próprio valor pelo tamanho de nossa conta bancária. No entanto, o verdadeiro sucesso vai muito além do dinheiro. Trata-se de encontrar um propósito significativo, cultivar relacionamentos gratificantes e fazer contribuições positivas para o mundo ao nosso redor. Neste capítulo, desafiaremos a ideia de que a riqueza é a única medida de sucesso e exploraremos outras formas de definir e alcançar o sucesso em nossas vidas. Criando uma Definição Pessoal de Sucesso.

À medida que chegamos ao final deste livro, é importante lembrar que o sucesso é uma jornada única e pessoal para cada indivíduo. Não há uma fórmula definitiva para o sucesso, e as definições de sucesso podem variar amplamente de uma pessoa para outra. No entanto, ao desvendar os mitos que cercam o sucesso, podemos começar a entender mais claramente o que é necessário para alcançá-lo em nossas próprias vidas.

Ao final do dia, o verdadeiro sucesso é encontrar a felicidade e o significado em nossas jornadas individuais, independentemente de onde elas nos levem.

Capítulo 3

Construindo uma Base de Valores Sólidos.

No segundo capítulo, enfatizamos a importância de construir uma base de valores sólidos como fundação para o sucesso autêntico. Discutimos como identificar e definir nossos valores pessoais e como viver de acordo com esses princípios pode nos guiar na busca de nossos objetivos de maneira honesta e íntegra.

A Arte da Autenticidade

Neste capítulo, mergulhamos na arte da autenticidade e exploramos como ser verdadeiro consigo mesmo e com os outros é essencial para alcançar o sucesso verdadeiro. Discutimos estratégias para cultivar a autenticidade em nossas vidas diárias e como isso pode nos ajudar a nos destacar de maneira positiva em nossas carreiras e relacionamentos.

Navegando nas Águas da Ética Profissional

No quarto capítulo, abordamos a importância da ética profissional no ambiente de trabalho e como agir com integridade pode contribuir para o sucesso a longo prazo. Discutimos dilemas éticos comuns que podem surgir em diferentes contextos profissionais e como tomar decisões éticas pode fortalecer nossa reputação e credibilidade.

Superando Desafios com Resiliência e Honestidade

Neste capítulo, exploramos como superar desafios e adversidades com resiliência e honestidade. Destacamos a importância de enfrentar os problemas de frente, em vez de recorrer à desonestidade ou manipulação, e como isso pode fortalecer nosso caráter e nos preparar para o sucesso futuro.

Celebrando o Sucesso Autêntico

No sexto e último capítulo, celebramos as conquistas alcançadas por meio do sucesso autêntico. Discutimos a importância de reconhecer e valorizar nossos esforços e conquistas, independentemente de sua escala, e como celebrar o sucesso de maneira autêntica e significativa pode alimentar nossa motivação e impulsionar nossa jornada de crescimento pessoal e profissional.

Rumo a um Futuro de Integridade e Realização

Na conclusão, refletimos sobre a jornada explorada ao longo do livro e reafirmamos o compromisso de buscar o sucesso de maneira autêntica e íntegra. Encorajamos os leitores a aplicar os princípios e estratégias discutidos em suas próprias vidas e a trabalhar em direção a um futuro de integridade e realização pessoal e profissional.

Capítulo 4

Tomando Decisões com Integridade.

Neste capítulo, mergulhamos no processo de tomada de decisões com integridade. Exploramos como nossas escolhas diárias moldam nosso caminho em direção ao sucesso e como a integridade desempenha um papel fundamental em nossas decisões. Discutimos estratégias para avaliar as opções disponíveis de forma ética e como considerar o impacto de nossas escolhas não apenas em nós mesmos, mas também nos outros e no mundo ao nosso redor.

Ética nos Negócios e na Carreira

Examinamos a importância da ética nos negócios e na carreira. Discutimos dilemas éticos comuns enfrentados por profissionais em diversos setores e como agir com integridade pode contribuir para o sucesso a longo prazo. Destacamos a necessidade de estabelecer padrões éticos elevados em todos os aspectos de nossas vidas profissionais e como isso pode fortalecer nossa reputação e construir relacionamentos duradouros com clientes, colegas e empregadores.

Mantendo a Integridade em Tempos de Pressão

Abordamos como manter a integridade mesmo quando enfrentamos pressões e tentações para agir de forma desonesta. Discutimos estratégias para resistir a essas influências negativas e como buscar apoio de colegas, mentores e amigos pode nos ajudar a permanecer firmes em nossos valores. Também exploramos como aprender com nossos erros e fracassos pode fortalecer nosso compromisso com a integridade e nos ajudar a crescer como indivíduos e profissionais.

Capítulo 5

A Jornada Contínua para o Sucesso Autêntico

Refletimos sobre a jornada contínua em direção ao sucesso autêntico. Discutimos como o sucesso verdadeiro não é um destino final, mas sim uma jornada em constante evolução. Enfatizamos a importância de manter-se fiel aos nossos valores e princípios, mesmo quando alcançamos nossos objetivos, e como o crescimento pessoal e profissional contínuo é essencial para sustentar o sucesso a longo prazo. Encorajamos os leitores a continuar sua busca pelo sucesso autêntico, lembrando-os de que a integridade é a chave para desbloquear todo o seu potencial.

Criatividade e Inovação com Integridade

Neste capítulo, exploramos como a criatividade e a inovação podem ser cultivadas de forma ética e íntegra. Discutimos como a integridade é essencial para o processo criativo, pois nos permite explorar novas ideias e soluções sem comprometer nossos valores. Abordamos como a diversidade de pensamento e a inclusão podem enriquecer nossas iniciativas criativas, e como a integridade nos ajuda a garantir que nossas inovações tragam impactos positivos para nós mesmos, para os outros e para o mundo.

Construindo uma Cultura de Integridade

Examinamos como construir uma cultura organizacional baseada na integridade. Discutimos a importância de liderar pelo exemplo e estabelecer padrões éticos claros em todos os níveis da organização. Exploramos como promover a comunicação aberta e transparente, incentivar a prestação de contas e recompensar comportamentos éticos pode criar um ambiente de trabalho positivo e produtivo onde todos se sintam valorizados e respeitados.

Capítulo 6

Educação e Desenvolvimento Profissional Contínuo.

Neste capítulo, abordamos a importância da educação e do desenvolvimento profissional contínuo na busca pelo sucesso autêntico. Discutimos como buscar oportunidades de aprendizado e crescimento pode nos ajudar a expandir nossos horizontes, desenvolver novas habilidades e manter-se atualizado com as últimas tendências e melhores práticas em nossa área de atuação. Enfatizamos a importância de agir com integridade em todas as nossas atividades de aprendizado e como isso pode nos ajudar a maximizar nosso potencial e alcançar nossos objetivos de maneira ética e sustentável.

Inspiração e Liderança Ética

Discutimos o papel da inspiração e liderança ética na promoção do sucesso autêntico. Exploramos como líderes inspiradores são aqueles que demonstram integridade em suas ações e comportamentos, e como sua autenticidade e compromisso com valores elevados podem motivar e influenciar positivamente aqueles ao seu redor. Abordamos estratégias para desenvolver habilidades de liderança ética e como inspirar os outros a agir com integridade em todas as áreas de suas vidas.

Rumo a um Futuro de Sucesso Sustentável

Refletimos sobre a jornada explorada ao longo dos capítulos e reafirmamos o compromisso de buscar o sucesso autêntico e sustentável. Encorajamos os leitores a aplicar os princípios e estratégias discutidos em suas próprias vidas e a trabalhar em direção a um futuro onde a integridade seja valorizada e priorizada em todas as áreas da sociedade. Celebramos a promessa de um mundo onde o sucesso verdadeiro é alcançado sem comprometer nossos valores e princípios mais profundos, e onde todos têm a oportunidade de florescer e prosperar de maneira ética e íntegra.

Capítulo 7

Agindo com Intencionalidade e Propósito.

Neste capítulo, exploramos a importância de agir com intencionalidade e propósito em nossa busca pelo sucesso autêntico. Discutimos como ter clareza sobre nossos objetivos e valores nos permite tomar decisões alinhadas com nossas aspirações mais profundas. Abordamos estratégias para definir metas significativas e criar um plano de ação que nos leve na direção de nossos sonhos, enquanto mantemos a integridade em cada passo do caminho.

Viver com intencionalidade e propósito é como navegar em um oceano vasto e desconhecido com um mapa em mãos. É ter clareza sobre nossos objetivos e valores, e tomar decisões que nos aproximem da vida que desejamos viver.

Agir com intencionalidade
significa estar presente no momento, consciente das nossas ações e das suas consequências. Significa não apenas deixar a vida nos levar, mas sim escolher deliberadamente o rumo que queremos seguir. É fazer escolhas alinhadas com nossos valores e metas, mesmo que isso signifique desviar do caminho mais fácil.

Ter propósito é encontrar significado nas nossas ações e na nossa existência. É ter uma visão clara do que queremos realizar neste mundo e trabalhar incansavelmente para tornar essa visão realidade. É encontrar a conexão entre nossos talentos, paixões e as necessidades do mundo ao nosso redor.

Quando agimos com intencionalidade e propósito, não apenas vivemos uma vida mais satisfatória para nós mesmos, mas também impactamos positivamente aqueles ao nosso redor.
Nossas ações se tornam um exemplo para os outros, inspirando-os a também viverem com mais consciência e significado.
No entanto, agir com intencionalidade e propósito não é uma tarefa fácil. Requer autoconhecimento, coragem para fazer escolhas difíceis e a vontade de enfrentar os desafios que surgem no caminho. Requer também flexibilidade e adaptabilidade, pois o mundo ao nosso redor está em constante mudança, e nossos objetivos e valores podem evoluir com o tempo.
É importante lembrar que agir com intencionalidade e propósito não significa que nunca vamos enfrentar dificuldades ou fracassos. Pelo contrário, esses obstáculos são parte inevitável da jornada. No entanto, quando sabemos o porquê estamos agindo e para onde

estamos indo, somos mais resilientes e capazes de superar qualquer desafio que possa surgir.
Portanto, que possamos todos fazer um compromisso de viver com mais intencionalidade e propósito. Que possamos cada dia buscar mais clareza sobre nossos valores e objetivos, e tomar as decisões que nos aproximam da vida que realmente desejamos viver. Que
possamos ser exemplos de autenticidade e inspiração para os outros, e juntos
criar um mundo onde cada um de nós possa viver uma vida verdadeiramente significativa.

Capítulo 8

Vivendo de Acordo com Nossos Valores.

Mergulhamos na ideia de viver de acordo com nossos valores como uma forma de alcançar o sucesso autêntico. Exploramos como alinhar nossas ações com nossos valores nos permite viver uma vida mais significativa e satisfatória, enquanto construímos relacionamentos sólidos e duradouros baseados na confiança e no respeito mútuo. Discutimos estratégias para identificar nossos valores centrais e integrá-los em todas as áreas de nossas vidas, incluindo nossas carreiras, relacionamentos pessoais e atividades de lazer.

Vivendo de Acordo com Nossos Valores

Viver de acordo com nossos valores é uma jornada de autenticidade e integridade. Significa alinhar nossas ações e escolhas com aquilo que consideramos mais importante em nossas vidas. Quando vivemos de acordo com nossos valores, experimentamos um senso mais profundo de propósito e satisfação, pois estamos vivendo uma vida autêntica e verdadeira para nós mesmos. Nossos valores são os princípios fundamentais que orientam nossas decisões e comportamentos. Eles refletem o que consideramos significativo e essencial em nossas vidas. Podem incluir valores como honestidade, compaixão, integridade, liberdade, família, amizade, criatividade, justiça, entre muitos outros.

No entanto, viver de acordo com nossos valores nem sempre é fácil. O mundo ao nosso redor muitas vezes nos apresenta desafios e tentações que podem nos desviar do caminho. Podemos nos sentir pressionados a agir de acordo com as expectativas dos outros, ou podemos ser tentados a comprometer nossos valores em busca de sucesso ou aceitação.

No entanto, quando comprometemos nossos valores, perdemos uma parte essencial de nós mesmos. Podemos sentir-nos desconectados, insatisfeitos e até mesmo culpados. É importante lembrar que viver de acordo com nossos valores não significa que nunca vamos cometer erros ou enfrentar dificuldades. Pelo contrário, significa reconhecer nossas imperfeições e buscar constantemente viver uma vida mais alinhada com aquilo que realmente valorizamos.

Uma maneira de viver de acordo com nossos valores é praticar a autoconsciência e a reflexão regularmente. Isso nos permite identificar quais são nossos valores e avaliar se nossas ações e escolhas estão em harmonia com eles. Além disso, é importante estabelecer metas e criar um plano de ação que nos ajude a viver de acordo com nossos valores no dia a dia.

Outra parte importante de viver de acordo com nossos valores é cultivar relacionamentos e ambientes que nos apoiam nessa jornada.

Isso pode incluir cercar-nos de pessoas que compartilham e valorizam os mesmos princípios que nós, e criar espaços onde podemos ser autênticos e verdadeiros.

Em última análise, viver de acordo com nossos valores é uma escolha consciente que fazemos todos os dias. É um compromisso de honrar quem somos e o que mais valorizamos em nossas vidas. E quando vivemos dessa maneira, não apenas experimentamos uma maior felicidade e realização, mas também inspiramos os outros a fazerem o mesmo.

Capítulo 9

Praticando a Gratidão e a Generosidade.

Neste capítulo, abordamos a importância de praticar a gratidão e a generosidade como parte de nossa jornada em direção ao sucesso autêntico. Discutimos como cultivar uma mentalidade de gratidão nos permite reconhecer e valorizar as bênçãos em nossas vidas, enquanto nos ajuda a manter uma perspectiva positiva, mesmo em tempos de desafio. Exploramos como a generosidade pode nos trazer uma sensação de realização mais profunda, enquanto fortalece nossos relacionamentos e nos conecta com os outros de maneira significativa.

Praticando a Gratidão e a Generosidade

A gratidão e a generosidade são duas virtudes poderosas que têm o poder de transformar nossas vidas e as vidas daqueles ao nosso redor.
Quando praticamos a gratidão, reconhecemos e valorizamos as bênçãos e as coisas boas que já temos em nossas vidas, independentemente do quão grandes ou pequenas possam ser. Por outro lado, a generosidade nos impulsiona a compartilhar o que temos com os outros, seja tempo, recursos, amor ou compaixão, sem esperar nada em troca.
Praticar a gratidão envolve cultivar uma mentalidade de apreciação e reconhecimento por tudo o que nos rodeia. Isso significa tomar o

tempo para refletir sobre as coisas pelas quais somos gratos, desde as pessoas queridas em nossas vidas até as experiências que nos enriquecem. Mesmo nos momentos mais desafiadores, há sempre algo pelo qual podemos ser gratos – seja uma lição aprendida, um gesto gentil de um estranho ou simplesmente o dom da vida.

A gratidão não apenas nos ajuda a encontrar alegria e contentamento no presente, mas também tem o poder de transformar nossa perspectiva sobre o passado e o futuro. Ao praticar a gratidão, somos capazes de deixar de lado ressentimentos e arrependimentos, e abraçar um sentimento de aceitação e paz. Além disso, cultivar uma mentalidade de gratidão nos ajuda a enfrentar o futuro com esperança e otimismo, sabendo que somos abençoados com muitas razões para sermos gratos, independentemente dos desafios que possam surgir.

Da mesma forma, a generosidade nos permite estender a gratidão que sentimos em nossos corações para os outros ao nosso redor. Quando somos generosos, estamos compartilhando o amor e a abundância que temos em nossas vidas, criando um ciclo positivo de dar e receber. A generosidade pode assumir muitas formas, desde pequenos atos de bondade cotidianos até doações significativas para causas que apoiamos.

Praticar a generosidade não apenas beneficia aqueles que recebem nossos gestos de bondade, mas também traz profundas recompensas pessoais. Ao sermos generosos, experimentamos uma sensação de conexão e propósito, sabendo que estamos fazendo a diferença nas vidas dos outros. Além disso, a generosidade nos ajuda a cultivar um senso de gratidão ainda maior, à medida que reconhecemos o impacto positivo que podemos ter no mundo ao nosso redor.
Em última análise, ao praticarmos a gratidão e a generosidade, estamos construindo um mundo mais compassivo, amoroso e abundante para todos. Que possamos todos fazer um esforço para cultivar essas virtudes em nossas vidas diárias, espalhando alegria e luz onde quer que vamos. Pois, ao final do dia, é a gratidão e a generosidade que verdadeiramente enriquecem nossas vidas e tornam o mundo um lugar melhor para todos.

Capítulo 10

Resiliência e Autocuidado.

No décimo nono capítulo, mergulhamos na importância da resiliência e do autocuidado em nossa jornada em busca do sucesso autêntico. Discutimos como cultivar a resiliência nos permite superar os desafios e adversidades com graça e determinação, enquanto o autocuidado nos ajuda a manter um equilíbrio saudável entre nossas responsabilidades profissionais e pessoais. Abordamos estratégias para desenvolver habilidades de enfrentamento eficazes e como priorizar nosso bem-estar físico, emocional e espiritual nos capacita a enfrentar os desafios da vida com mais confiança e determinação.

Cultivando Resiliência e Autocuidado

Em um mundo repleto de desafios e incertezas, cultivar resiliência e praticar o autocuidado tornam-se fundamentais para manter nossa saúde mental, emocional e física. A resiliência nos permite enfrentar adversidades, superar obstáculos e crescer através das experiências difíceis, enquanto o autocuidado nos ajuda a recarregar nossas energias e nutrir nosso bem-estar geral. Vamos explorar como esses dois elementos podem trabalhar juntos para fortalecer nossa capacidade de lidar com os altos e baixos da vida.

Resiliência: Encontrando Força nas Adversidades

A resiliência não se trata apenas de resistir às dificuldades, mas também de aprender e crescer com elas. Envolve a capacidade de se adaptar às mudanças, manter uma atitude positiva e encontrar soluções criativas para os problemas que enfrentamos. Ao cultivar a resiliência, podemos nos tornar mais capazes de lidar com o estresse, a pressão e as decepções que a vida inevitavelmente nos traz.

Existem várias maneiras de fortalecer nossa resiliência:

Cultivar uma Mentalidade Positiva: A maneira como percebemos e interpretamos os eventos pode influenciar nossa resiliência. Cultivar uma mentalidade otimista e focada em soluções pode nos ajudar a enfrentar desafios com mais confiança e determinação.

Desenvolver Redes de Apoio: Ter um sistema de suporte composto por amigos, familiares, colegas e profissionais de saúde mental pode ser fundamental para ajudar-nos a atravessar tempos difíceis. Estar cercado por pessoas que nos apoiam e nos incentivam pode fortalecer nossa resiliência e nos lembrar que não estamos sozinhos em nossas lutas.

Praticar a Aceitação e a Flexibilidade: Nem sempre podemos controlar as circunstâncias que enfrentamos, mas podemos controlar nossa resposta a elas. Aprender a aceitar o que não podemos mudar e adaptar-se às mudanças inesperadas pode nos ajudar a desenvolver uma maior resiliência diante da adversidade.

Cuidar de Nossa Saúde Mental e Emocional: Priorizar nossa saúde mental e emocional é essencial para fortalecer nossa resiliência. Isso pode incluir procurar apoio terapêutico quando necessário, praticar técnicas de relaxamento e mindfulness, e cuidar das nossas necessidades emocionais básicas.

Autocuidado: Nutrindo Nosso Bem-Estar

O autocuidado envolve dedicar tempo e energia para cuidar de nossas próprias necessidades físicas, mentais e emocionais. É uma prática fundamental para promover o equilíbrio, a vitalidade e a felicidade em nossas vidas. Quando praticamos o autocuidado regularmente, estamos investindo em nosso próprio bem-estar e capacitando-nos a enfrentar os desafios da vida com mais força e resiliência.

Algumas maneiras de praticar o autocuidado incluem:

Estabelecer Limites Saudáveis: Aprender a dizer "não" quando necessário e estabelecer limites claros em nossos relacionamentos e compromissos pode ajudar-nos a preservar nossa energia e proteger nosso bem-estar emocional.

Priorizar o Sono e o Descanso: Garantir uma boa qualidade de sono e reservar tempo para descansar e recarregar nossas energias é essencial para manter um estado de saúde física e mental.

Alimentar-se de Forma Saudável: Nutrir nosso corpo com uma dieta equilibrada e nutritiva pode fortalecer nossa saúde física e emocional, proporcionando-nos a energia e a vitalidade necessárias para enfrentar os desafios do dia a dia.

Praticar Atividades que nos Tragam Alegria e Relaxamento: Dedique tempo para fazer coisas que você ama e que o façam se sentir bem. Isso pode incluir hobbies, exercícios físicos, meditação, tempo ao ar livre ou simplesmente passar tempo com entes queridos.

A Importância da Integração de Resiliência e Autocuidado

Embora a resiliência e o autocuidado sejam conceitos distintos, eles estão intrinsecamente ligados e se complementam mutuamente. Praticar o autocuidado regularmente pode fortalecer nossa resiliência, fornecendo-nos a base física, mental e emocional necessária para enfrentar os desafios da vida com mais confiança e determinação. Da mesma forma, cultivar resiliência nos permite superar os obstáculos que podem interferir em nossas práticas de autocuidado, ajudando-nos a manter nossos hábitos saudáveis mesmo nos momentos mais difíceis.

Em última análise, ao integrar resiliência e autocuidado em nossas vidas diárias, estamos construindo uma base sólida para o nosso bem-estar e desenvolvimento pessoal. Ao fortalecer nossa capacidade de enfrentar adversidades e cuidar de nossas próprias necessidades, podemos viver vidas mais equilibradas, saudáveis e significativas.

Capítulo 11

Integrando Intenção e Ação.

Na conclusão deste livro, reunimos os temas explorados ao longo dos capítulos e destacamos a importância de integrar intenção e ação em nossa jornada em busca do sucesso autêntico. Celebramos a promessa de um futuro onde todos têm a oportunidade de alcançar seu pleno potencial, enquanto vivem de acordo com seus valores mais profundos e contribuem positivamente para o mundo ao seu redor. Encorajamos os leitores a aplicar as lições aprendidas em suas próprias vidas e a continuar sua busca por um sucesso verdadeiro e sustentável, onde a integridade é valorizada e priorizada em todas as áreas da existência humana.

Integrando Intenção e Ação: O Poder da Coerência

Integrar intenção e ação é como unir o pensamento com a manifestação, a vontade com o movimento. É trazer alinhamento entre nossas aspirações e nossos esforços diários, transformando sonhos em realidade. Quando colocamos nossas intenções em ação, desencadeamos o poder da coerência, onde nossas palavras, pensamentos e ações estão em harmonia, impulsionando-nos em direção aos nossos objetivos.

Clareza de Intenção: Definindo Nossos Propósitos

Tudo começa com a clareza de intenção. Identificar o que verdadeiramente desejamos alcançar é o primeiro passo para integrar intenção e ação. Isso envolve explorar nossos valores, paixões e metas, e definir objetivos claros e significativos que nos inspirem. Quando nossas intenções estão enraizadas em propósitos autênticos, elas se tornam poderosos catalisadores para a ação.

Compromisso com a Ação: Transformando Intenção em Movimento

No entanto, a intenção por si só não é suficiente. É o compromisso com a ação que transforma nossos desejos em resultados tangíveis. Isso requer coragem, determinação e persistência para dar os passos necessários em direção aos nossos objetivos, mesmo quando enfrentamos desafios e contratempos ao longo do caminho. Ao agir em alinhamento com nossas intenções, estamos dando vida às nossas aspirações e nos aproximando da realização de nossos sonhos.

Práticas Diárias de Integração: Alinhando-se com Nossas Intenções

Integrar intenção e ação não é apenas sobre grandes movimentos e conquistas monumentais. Também se trata das escolhas diárias que fazemos e das práticas que cultivamos em nossas vidas. Isso pode incluir:

Visualização Criativa: Passar alguns minutos todos os dias visualizando nossos objetivos e nos imaginando alcançando-os pode fortalecer nossa conexão com nossas intenções e motivar-nos a agir em sua direção.

Planejamento Estratégico: Criar um plano de ação detalhado que nos ajude a transformar nossas intenções em etapas concretas e alcançáveis pode nos manter focados e direcionados em nossos esforços.

Práticas de Mindfulness: Cultivar momentos de presença e atenção plena em nossas atividades diárias pode nos ajudar a tomar decisões mais alinhadas com nossas intenções e ações.

Auto avaliação Regular: Regularmente revisar nosso progresso e ajustar nosso curso conforme necessário nos permite manter-nos no caminho certo em direção aos nossos objetivos, garantindo que nossas ações estejam alinhadas com nossas intenções em constante evolução.

O Poder da Coerência: Alinhando-se com o Fluxo da Vida

Quando integramos intenção e ação em nossas vidas, experimentamos o poder da coerência - uma sensação de fluidez e alinhamento que nos permite navegar pelas correntes da vida com graça e determinação. Estamos em sintonia com nosso propósito mais profundo e agimos com uma clareza de propósito que nos impulsiona em direção aos nossos objetivos. Ao cultivar essa integração, não apenas realizamos nossos sonhos, mas também encontramos uma sensação de plenitude e significado em nossas jornadas.

Capítulo 12

Cultivando a Gratidão em Nossas Vidas.

Neste capítulo, exploramos o poder transformador da gratidão e como cultivá-la em nossas vidas pode contribuir para o sucesso autêntico. Discutimos como praticar a gratidão diariamente pode nos ajudar a reconhecer e apreciar as bênçãos em nossas vidas, mesmo nos momentos mais desafiadores. Abordamos estratégias para incorporar práticas de gratidão em nossa rotina diária, incluindo manter um diário de gratidão, expressar gratidão aos outros e praticar a mindfulness como uma forma de nos conectar mais profundamente com o presente e reconhecer suas muitas dádivas.

Cultivando a Gratidão em Nossas Vidas: A Arte da Apreciação

A gratidão é uma poderosa prática que pode transformar nossas vidas de dentro para fora. É mais do que apenas uma emoção passageira; é uma atitude e uma maneira de ver o mundo que nos permite reconhecer e valorizar as bênçãos e as coisas boas que já temos em nossas vidas, mesmo nos momentos mais desafiadores. Cultivar a gratidão é como regar um jardim interior, nutrindo-o com apreciação e alegria, e colhendo os frutos da felicidade e da paz interior.

Abrindo os Olhos para as Bênçãos Cotidianas

Muitas vezes, as bênçãos em nossas vidas estão escondidas à vista, camufladas pela correria do dia a dia ou eclipsadas pelos desafios que enfrentamos. Cultivar a gratidão envolve aprender a abrir os olhos para as pequenas alegrias e maravilhas que nos rodeiam a cada momento. Pode ser o calor do sol acariciando nossa pele, o sorriso de um ente querido, ou mesmo a simples capacidade de respirar e estar vivo. Ao cultivar uma consciência mais aguçada para as bênçãos cotidianas, descobrimos que há muito mais a agradecer do que poderíamos imaginar.

Praticando a Gratidão Diariamente

Assim como qualquer habilidade, a gratidão é algo que podemos cultivar e fortalecer com prática regular. Praticar a gratidão diariamente pode nos ajudar a criar um estado de espírito mais positivo e uma perspectiva mais otimista sobre a vida. Algumas maneiras de praticar a gratidão incluem:

1. **Manter um Diário de Gratidão:** Reserve alguns minutos todas as noites para escrever três coisas pelas quais você é grato naquele dia. Isso

pode ajudar a refletir sobre as bênçãos em sua vida e cultivar um senso mais profundo de apreciação.

2. **Expressar Agradecimento:** Não subestime o poder de dizer "obrigado". Agradeça aos outros por suas bondades, gestos de gentileza ou simplesmente por estarem presentes em sua vida. Expressar gratidão não apenas fortalece os laços interpessoais, mas também alimenta um ciclo positivo de generosidade e apreço.

3. **Praticar a Visualização da Gratidão:** Dedique alguns minutos todos os dias para visualizar as coisas pelas quais você é grato em sua vida. Isso pode ajudá-lo a cultivar um sentimento de gratidão profunda e duradoura, independentemente das circunstâncias externas.

Os Benefícios da Gratidão: Transformando Vidas e Relacionamentos

Cultivar a gratidão não apenas nos traz uma sensação de contentamento e satisfação interior, mas também traz uma série de benefícios tangíveis para nossa saúde mental, emocional e até mesmo física. Estudos têm demonstrado que a prática regular da gratidão pode melhorar nosso humor, aumentar nossa resiliência ao estresse, fortalecer nossos relacionamentos e até mesmo melhorar nossa saúde física. Ao cultivar uma mentalidade de gratidão, estamos construindo uma base sólida para uma vida mais feliz, saudável e significativa.

Em última análise, a gratidão é uma escolha que fazemos todos os dias. Podemos optar por nos concentrar no que nos falta e nas dificuldades que enfrentamos, ou podemos optar por valorizar e apreciar as muitas bênçãos que já temos em nossas vidas. Ao cultivar a gratidão em nossas vidas, estamos escolhendo viver com um coração aberto e uma mente receptiva, abraçando a beleza e a abundância que nos rodeiam a cada momento.

Os Benefícios da Gratidão para o Bem-Estar

No vigésimo segundo capítulo, examinamos os benefícios da gratidão para o bem-estar físico, emocional e mental. Discutimos como estudos científicos demonstraram que praticar a gratidão regularmente pode levar a uma série de resultados positivos, incluindo melhorias na saúde cardiovascular, redução do estresse e ansiedade, e aumento da resiliência emocional. Exploramos como cultivar uma atitude de gratidão pode nos ajudar a desenvolver uma mentalidade mais positiva e resiliente, enquanto fortalece nossos relacionamentos e nos conecta mais profundamente com os outros e com o mundo ao nosso redor.

Expressando Gratidão aos Outros

Neste capítulo, abordamos a importância de expressar gratidão aos outros como uma forma de fortalecer nossos relacionamentos e promover o sucesso autêntico. Discutimos como demonstrar apreço pelas pessoas em nossas vidas pode fortalecer os laços emocionais e criar um senso de conexão e pertencimento mútuo. Abordamos estratégias para expressar gratidão de maneiras significativas, incluindo palavras de agradecimento, atos de bondade e gestos de reconhecimento, e como essas práticas simples podem ter um impacto profundo não apenas nas vidas daqueles a quem expressamos gratidão, mas também em nossa própria vida.

Gratidão no Local de Trabalho e na Carreira

No vigésimo quarto capítulo, examinamos o papel da gratidão no local de trabalho e na carreira. Discutimos como cultivar uma cultura de gratidão em ambientes profissionais pode melhorar a satisfação no trabalho, aumentar a produtividade e promover um clima organizacional positivo. Abordamos estratégias para integrar práticas de gratidão no local de trabalho, incluindo reconhecer as contribuições dos colegas, expressar apreço pelos esforços da equipe e criar um ambiente onde todos se sintam valorizados e reconhecidos por seu trabalho.

Celebrando a Gratidão em Nossas Vidas

Na conclusão deste livro, celebramos o poder transformador da gratidão e seu papel fundamental em nossa busca pelo sucesso autêntico. Refletimos sobre as lições aprendidas ao longo dos capítulos e reafirmamos o compromisso de cultivar uma atitude de gratidão em todas as áreas de nossas vidas. Encorajamos os leitores a aplicar as práticas de gratidão discutidas neste livro e a continuar sua jornada em direção a um futuro onde a gratidão seja uma parte central de seu bem-estar e sucesso duradouro.

Capítulo 13

A Importância da Constância na Busca pelo Sucesso.

Neste capítulo, exploramos como a constância desempenha um papel fundamental na busca pelo sucesso autêntico. Discutimos como a perseverança e a consistência são essenciais para alcançar nossos objetivos a longo prazo, mesmo diante de desafios e contratempos. Abordamos estratégias para cultivar uma mentalidade de constância, incluindo estabelecer metas realistas, manter o foco e a disciplina, e aprender com os fracassos e reveses ao longo do caminho.

A Importância da Constância na Busca pelo Sucesso

A jornada rumo ao sucesso é frequentemente comparada a uma maratona, não a uma corrida de curta distância. Nessa jornada, a constância desempenha um papel crucial. É a persistência, a disciplina e a determinação contínuas que nos levam ao sucesso, mesmo quando enfrentamos desafios e contratempos ao longo do caminho. Vamos explorar mais profundamente a importância da constância na busca pelo sucesso.

1.

Superando Obstáculos com Persistência

No caminho para o sucesso, é quase inevitável encontrar obstáculos e dificuldades. Pode ser uma crítica negativa, uma falha temporária
ou simplesmente a monotonia do trabalho árduo. É a constância que nos permite superar esses obstáculos, mantendo-nos focados em nossos objetivos e avançando, mesmo quando as coisas ficam difíceis. Ao persistir diante dos desafios, aprendemos e crescemos, nos tornando mais resilientes e preparados para enfrentar os desafios futuros.

2.

Construindo Hábitos Sólidos e Produtivos

O sucesso não é o resultado de uma única ação ou evento, mas sim o resultado de hábitos consistentes e produtivos ao longo do tempo. É a constância na prática diária, no aprendizado contínuo e na melhoria gradual que nos leva à excelência. Ao cultivar hábitos sólidos e produtivos, criamos uma base sólida para o sucesso a longo prazo, construindo momentum e alcançando nossos objetivos de maneira consistente ao longo do tempo.

3.

Maximizando o Potencial de Crescimento

A constância na busca pelo sucesso nos permite maximizar nosso potencial de crescimento e realização. É através da prática consistente, da perseverança e do compromisso contínuo com a melhoria pessoal que alcançamos nossos objetivos mais ambiciosos e atingimos novos patamares de sucesso. Ao nos comprometermos com o crescimento constante e a evolução contínua, expandimos nossas habilidades, conhecimentos e experiências, nos tornando cada vez mais capazes de enfrentar os desafios que o futuro possa trazer.

4.

Estabelecendo Fundamentos Sólidos

A constância na busca pelo sucesso nos ajuda a estabelecer fundamentos sólidos para o nosso crescimento e progresso. É a consistência no trabalho duro, na dedicação e na disciplina que nos permite construir uma base sólida para o sucesso futuro. Ao investir tempo e esforço consistentes em nossos objetivos e aspirações, estamos construindo os alicerces sobre os quais podemos construir nossos sonhos e alcançar nossas ambições mais elevadas.

5.

Mantendo o Foco e a Direção

Por fim, a constância nos ajuda a manter o foco e a direção em meio às distrações e tentações que podem surgir em nosso caminho. É fácil ficar desviado ou distraído quando enfrentamos desafios ou quando os resultados demoram a aparecer. No entanto, é a constância que nos permite permanecer firmes em nossa jornada, lembrando-nos do que realmente importa e continuando a trabalhar em direção aos nossos objetivos, mesmo quando o caminho parece íngreme ou difícil. Em resumo, a constância é uma qualidade essencial na busca pelo sucesso. É a persistência, a disciplina e a determinação contínuas que nos permitem superar obstáculos, construir hábitos sólidos, maximizar nosso potencial de crescimento, estabelecer fundamentos sólidos e manter o foco e a direção em direção aos nossos objetivos. Ao cultivar a constância em nossas vidas, estamos criando as condições para alcançar o sucesso duradouro e significativo que desejamos.

Capítulo 14

Desenvolvendo Hábitos e Rotinas Positivas.

No vigésimo sétimo capítulo, examinamos como desenvolver hábitos e rotinas positivas pode nos ajudar a manter a constância em nossa jornada em busca do sucesso autêntico. Discutimos como criar uma rotina consistente e saudável pode nos fornecer a estrutura e a disciplina necessárias para alcançar nossos objetivos, enquanto cultivamos hábitos positivos que nos impulsionam em direção ao sucesso. Abordamos estratégias para identificar e modificar hábitos prejudiciais, criar rotinas que nos energizem e motivem, e manter a consistência mesmo quando enfrentamos distrações ou obstáculos ao longo do caminho.

Desenvolvendo Hábitos e Rotinas Positivas: Construindo a Base para uma Vida Plena

Desenvolver hábitos e rotinas positivas é essencial para alcançar o sucesso e o bem-estar em todas as áreas de nossas vidas. Estabelecer padrões consistentes de comportamento não só nos ajuda a atingir nossos objetivos, mas também a cultivar uma sensação de equilíbrio, propósito e realização em nossas vidas diárias. Vamos explorar a importância dessas práticas e como podemos integrá-las em nossa jornada rumo ao crescimento pessoal e profissional.

A Ciência dos Hábitos: Como Pequenas Ações Criam Grandes Mudanças

Os hábitos são poderosos impulsionadores de comportamento que moldam nossa vida diária de maneiras sutis, mas significativas. Cada ação repetida cria conexões neurais em nosso cérebro, tornando mais fácil e automático repetir esse comportamento no futuro. Portanto, ao desenvolver hábitos positivos, estamos construindo uma base sólida para o sucesso a longo prazo.

Estabelecendo Rotinas: Criando Estruturas para o Sucesso

As rotinas fornecem a estrutura necessária para incorporar hábitos positivos em nossas vidas diárias. Ao definir uma série de atividades regulares e sequenciais, podemos maximizar nosso tempo e energia, reduzir a indecisão e aumentar nossa eficiência. Rotinas bem planejadas nos ajudam a permanecer focados em nossos objetivos, mesmo quando enfrentamos distrações ou contratempos.

Benefícios de Hábitos e Rotinas Positivas:

Melhor Produtividade e Desempenho: Hábitos e rotinas consistentes nos permitem otimizar nosso tempo e energia, aumentando nossa produtividade e desempenho em todas as áreas de nossas vidas.

Maior Bem-Estar e Saúde: Estabelecer hábitos saudáveis, como exercícios regulares, uma dieta balanceada e boas práticas de sono, contribui para um estilo de vida mais equilibrado e um bem-estar físico e emocional aprimorado.

Autoconfiança e Autoestima: Cumprir regularmente nossos compromissos e alcançar nossos objetivos reforça nossa autoconfiança e autoestima, criando um ciclo positivo de motivação e sucesso.

Resiliência e Persistência: Hábitos e rotinas nos ajudam a desenvolver resiliência e persistência, nos capacitando a superar obstáculos e desafios ao longo de nossa jornada.

Estratégias para Desenvolver Hábitos e Rotinas Positivas:

Identifique seus Objetivos: Defina claramente quais são seus objetivos e prioridades na vida pessoal, profissional, saúde, relacionamentos, etc.

Comece Pequeno: Comece com mudanças pequenas e alcançáveis em seu comportamento diário. O foco na consistência é mais importante do que a magnitude da mudança inicial.

Crie Ganchos de Âncora: Associe novos hábitos a atividades ou eventos já existentes em sua rotina diária para facilitar a incorporação deles.

Acompanhe seu Progresso: Mantenha um registro de seus hábitos e rotinas, monitorando seu progresso ao longo do tempo e ajustando conforme necessário.

Seja Flexível: Esteja aberto a ajustar suas rotinas conforme necessário para se adaptar a mudanças ou imprevistos em sua vida.

Conclusão:

Desenvolver hábitos e rotinas positivas é uma jornada contínua de autoaperfeiçoamento e crescimento pessoal. Ao estabelecer padrões consistentes de comportamento, estamos construindo uma base sólida para o sucesso e o bem-estar em todas as áreas de nossas vidas. Portanto, comprometa-se com o desenvolvimento de hábitos e rotinas que o impulsionem em direção aos seus objetivos e o ajudem a viver uma vida plena e significativa.

Capítulo 15

Mantendo o Foco nas Prioridades.

Neste capítulo, abordamos a importância de manter o foco nas prioridades como uma forma de sustentar a constância em nossa jornada em direção ao sucesso. Discutimos como identificar e definir nossas prioridades nos ajuda a direcionar nossa energia e atenção para as áreas de nossa vida que mais valorizamos e que contribuem para nosso crescimento e realização pessoal.
Abordamos estratégias para eliminar distrações, estabelecer limites saudáveis e manter o foco mesmo quando enfrentamos tentações ou demandas conflitantes em nossa vida diária.

Mantendo o Foco nas Prioridades

Manter o foco nas prioridades é um desafio constante em um mundo repleto de distrações e demandas concorrentes. No entanto, é essencial para alcançar nossos objetivos e viver uma vida significativa e realizada.
Neste capítulo, exploraremos estratégias eficazes para manter o foco em nossas prioridades, mesmo diante das inevitáveis tentações e obstáculos que encontramos ao longo do caminho.

1.

Clarifique Suas Prioridades:

O primeiro passo para manter o foco é ter clareza sobre quais são suas verdadeiras prioridades. Isso envolve identificar o que é mais importante para você em sua vida pessoal e profissional e definir metas claras alinhadas com essas prioridades.

2.

Estabeleça Metas Tangíveis:

Uma vez que você tenha clarificado suas prioridades, estabeleça metas tangíveis que o ajudem a avançar em direção a elas. Divida essas metas em etapas menores e alcançáveis, para que você possa acompanhar seu progresso e manter o foco em cada passo do caminho.

3.

Elimine Distrações:

Identifique as principais distrações que estão impedindo você de manter o foco em suas prioridades e tome medidas para eliminá-las. Isso pode incluir desligar notificações de dispositivos eletrônicos, estabelecer horários específicos para verificar e-mails ou redes sociais, e criar um ambiente de trabalho livre de distrações.

4.

Pratique a Disciplina:

Manter o foco requer disciplina e compromisso. Isso significa fazer escolhas conscientes sobre como você gasta seu tempo e energia, priorizando suas tarefas de acordo com suas metas e objetivos mais importantes.

5.

Utilize Técnicas de Gestão do Tempo:

Aprenda a gerenciar seu tempo de forma eficaz, priorizando suas tarefas com base em sua importância e urgência. Utilize técnicas como a Matriz de Eisenhower ou a Técnica Pomodoro para ajudá-lo a focar em suas prioridades e evitar a procrastinação.

6.

Faça Pausas Estratégicas:

Embora seja importante manter o foco em suas prioridades, também é essencial fazer pausas estratégicas para descansar e recarregar suas energias. A prática de intervalos regulares de descanso pode melhorar sua produtividade e ajudá-lo a manter um foco mais concentrado quando você estiver trabalhando.

7.

Aprenda a Dizer Não:

Não tenha medo de dizer não a compromissos ou solicitações que não estejam alinhados com suas prioridades. Aprender a estabelecer limites saudáveis é fundamental para manter o foco em suas metas e objetivos mais importantes.

8. Revise Regularmente suas Prioridades:

À medida que a vida evolui e novas oportunidades ou desafios surgem, é importante revisar regularmente suas prioridades. Reserve tempo periodicamente para refletir sobre o que é mais importante para você no momento presente e ajuste suas metas e objetivos de acordo com essas mudanças.

9.

Pratique a Mindfulness:

A prática da atenção plena pode ajudá-lo a manter o foco em suas prioridades, ao mesmo tempo em que cultiva um maior senso de calma e clareza mental. Reserve alguns minutos todos os dias para praticar a meditação ou simplesmente para estar presente no momento presente, permitindo que você se reconecte com suas prioridades e objetivos.

10.

Cerque-se de Pessoas que Apoiam suas Prioridades:

Crie um círculo de apoio composto por pessoas que compartilham e apoiam suas prioridades e objetivos. Ter uma rede de apoio positiva pode fornecer o incentivo e o suporte necessários para manter o foco em suas metas, mesmo nos momentos mais desafiadores.

11.

Celebre suas Conquistas:

Não se esqueça de celebrar suas conquistas ao longo do caminho. Reconheça e comemore seus progressos, por menores que sejam, e use essas vitórias como motivação adicional para continuar focando em suas prioridades e perseguindo seus objetivos.

12.

Seja Flexível e Adaptável:

Embora seja importante manter o foco em suas prioridades, também é essencial ser flexível e adaptável às mudanças que ocorrem ao longo do caminho. Esteja aberto a ajustar suas metas e estratégias conforme necessário para garantir que elas permaneçam alinhadas com suas prioridades em evolução.

13.

Pratique o Autocuidado:

Cuidar de si mesmo é fundamental para manter o foco em suas prioridades a longo prazo. Reserve tempo regularmente para cuidar de sua saúde física, emocional e mental, e priorize o descanso, a nutrição adequada, o exercício físico e outras práticas de autocuidado que o ajudem a se manter equilibrado e centrado.

14.

Mantenha uma Atitude Positiva:

Mantenha uma atitude positiva e otimista em relação às suas prioridades e objetivos. Acredite em si mesmo e em sua capacidade de alcançar o sucesso, e mantenha o foco em soluções e oportunidades, mesmo diante dos desafios que possam surgir ao longo do caminho.

Ao implementar essas estratégias em sua vida, você estará melhor equipado para manter o foco em suas prioridades e alcançar o sucesso que deseja. Lembre-se de que manter o foco é um processo contínuo e que requer prática e comprometimento, mas os benefícios de viver uma vida alinhada com suas verdadeiras prioridades fazem valer a pena o esforço.

Conclusão:

Manter o foco nas prioridades é essencial para alcançar o sucesso e a realização em todas as áreas de nossas vidas. Ao seguir as estratégias delineadas neste capítulo e cultivar uma mentalidade de disciplina e comprometimento, você estará no caminho certo para alcançar suas metas e viver uma vida alinhada com suas verdadeiras prioridades. Lembre-se sempre do que é mais importante para você e mantenha esse foco em mente enquanto trabalha em direção aos seus objetivos.

Capítulo 16

Resiliência Diante de Obstáculos.

No vigésimo nono capítulo, exploramos como cultivar a resiliência nos ajuda a manter a constância em face de obstáculos e desafios em nossa jornada em busca do sucesso autêntico. Discutimos como aprender a lidar com a adversidade e os contratempos nos fortalece e nos capacita a continuar avançando em direção aos nossos objetivos, mesmo quando as coisas não saem como planejamos. Abordamos estratégias para desenvolver resiliência emocional, mental e espiritual, incluindo praticar a autocompaixão, buscar apoio de outras pessoas e encontrar significado nas experiências difíceis que enfrentamos ao longo do caminho.

Resiliência: Navegando com Firmeza Através dos Obstáculos

A vida é uma jornada repleta de desafios, e a resiliência é a qualidade que nos permite enfrentar esses obstáculos com coragem, determinação e perseverança. Neste capítulo, exploraremos a importância da resiliência diante de obstáculos e como cultivar essa habilidade crucial para lidar com os altos e baixos da vida.

1.

Compreendendo a Resiliência:

A resiliência não é apenas a capacidade de resistir a adversidades; é a capacidade de se adaptar, aprender e crescer com essas experiências desafiadoras. É sobre encontrar força interior e coragem para enfrentar os obstáculos, em vez de serem derrotados por eles.

2.

Encarando os Obstáculos como Oportunidades:

Em vez de ver os obstáculos como impedimentos ao nosso progresso, podemos escolher encará-los como oportunidades de crescimento e desenvolvimento pessoal. Cada desafio que enfrentamos nos oferece a chance de aprender lições valiosas, fortalecer nossa resiliência e nos tornar mais aptos a enfrentar desafios futuros.

3.

Cultivando a Mentalidade da Resiliência:

Cultivar uma mentalidade de resiliência envolve cultivar crenças e atitudes que nos ajudem a enfrentar os obstáculos com coragem e determinação. Isso inclui acreditar em nossa capacidade de superar desafios, manter uma atitude positiva diante da adversidade e encontrar oportunidades de crescimento mesmo nos momentos mais difíceis.

4.

Desenvolvendo Estratégias de Enfrentamento:

É importante desenvolver estratégias eficazes de enfrentamento para lidar com os obstáculos que encontramos ao longo do caminho.
Isso pode incluir a busca de apoio emocional de amigos e familiares, a prática de técnicas de relaxamento e mindfulness para gerenciar o estresse, e a busca de soluções criativas para resolver problemas.

5.

Aprendendo com a Adversidade:

Cada desafio que enfrentamos nos oferece a oportunidade de aprender lições valiosas sobre nós mesmos e sobre o mundo ao nosso redor. Ao refletir sobre nossas experiências e identificar o que podemos aprender com elas, podemos transformar a adversidade em crescimento e fortalecer nossa resiliência para enfrentar desafios futuros.

6.

Mantendo a Perspectiva:

Manter uma perspectiva ampla e equilibrada é fundamental para manter a resiliência diante dos obstáculos. Lembre-se de que os desafios que enfrentamos são apenas uma parte da jornada da vida e que, com o tempo, paciência e perseverança, podemos superá-los e seguir em frente.

7.

Celebrando a Resiliência:

Celebre suas conquistas e sua resiliência ao enfrentar os obstáculos. Reconheça sua coragem, sua força interior e sua capacidade de superar desafios, e use essas vitórias como fonte de inspiração e motivação para enfrentar os desafios futuros com confiança e determinação. Ao cultivar a resiliência em sua vida, você estará melhor equipado para enfrentar os obstáculos que inevitavelmente encontrará ao longo de sua jornada. Lembre-se de que a resiliência não é apenas sobre resistir à adversidade, mas sobre crescer e prosperar mesmo diante dos desafios mais difíceis. Com coragem, determinação e perseverança, você pode superar qualquer obstáculo e alcançar seus objetivos mais ambiciosos.

Capítulo 17

Celebrando a Jornada de Constância e Sucesso.

Na conclusão deste livro, celebramos a jornada de constância e sucesso que empreendemos ao longo dos capítulos. Refletimos sobre os desafios que enfrentamos, as lições que aprendemos e as realizações que alcançamos ao perseverar em direção aos nossos objetivos. Encorajamos os leitores a aplicar as estratégias e práticas discutidas neste livro em suas próprias vidas e a continuar sua jornada em busca de um sucesso autêntico e duradouro, onde a constância é valorizada e recompensada como parte integrante de seu crescimento pessoal e profissional.

Celebrando a Jornada de Constância e Sucesso: Reconhecendo as Conquistas ao Longo do Caminho

A jornada de constância e sucesso é uma jornada repleta de desafios, altos e baixos, vitórias e aprendizados. É uma jornada que requer dedicação, persistência e uma mentalidade resiliente para superar os obstáculos que surgem ao longo do caminho. Neste capítulo, vamos celebrar essa jornada, reconhecendo as conquistas alcançadas e honrando o esforço dedicado a cada passo do percurso.

Refletindo

sobre a Jornada:

Antes de tudo, é importante reservar um momento pararefletir sobre a jornada até aqui. Reconheça o progresso que você fez, os desafios que superou e as lições que aprendeu ao longo do caminho. Cada passo, por menor que seja, contribui para o seu crescimento e sucesso.

Celebrando

as Pequenas Vitórias:

Não subestime o poder das pequenas vitórias ao longo da jornada. Cada passo dado em direção aos seus objetivos é uma conquista digna de celebração. Reconheça e comemore cada marco alcançado, por menor que seja, pois são essas pequenas vitórias que impulsionam você em direção ao seu destino final.

Homenageando

a Resiliência:

A resiliência é uma qualidade fundamental que nos permite superar os obstáculos e continuar avançando, mesmo diante das adversidades. Homenageie a sua própria resiliência, reconhecendo a força interior que o capacitou a enfrentar os desafios e seguir em frente, mesmo quando as coisas pareciam difíceis.

Expressando

Gratidão:

Nenhuma jornada é percorrida sozinha. Reconheça e agradeça às pessoas que estiveram ao seu lado ao longo do caminho - amigos, familiares, mentores e colegas que o apoiaram, encorajaram e inspiraram durante os momentos de triunfo e desafio.

Olhando

para o Futuro com Esperança:

Enquanto celebramos o progresso feito até agora, também é importante olhar para o futuro com esperança e otimismo. Reconheça o potencial ilimitado que o aguarda e mantenha a visão do sucesso final sempre em mente, sabendo que cada passo dado o aproxima cada vez mais desse objetivo.

Aprendendo com os Desafios:

Por fim, lembre-se de que os desafios enfrentados ao longo da jornada são oportunidades de crescimento e aprendizado. Em vez de

temê-los, abrace-os como oportunidades para se tornar mais forte, mais sábio e mais resiliente.
Ao celebrarmos a jornada de constância e sucesso, reconhecemos não apenas as conquistas alcançadas, mas também o esforço, a resiliência e a dedicação necessários para chegar até aqui. Que essa celebração nos inspire a continuar avançando com determinação, coragem e gratidão, sabendo que cada passo dado nos aproxima cada vez mais do nosso destino final.

Capítulo 18

A Importância da Vibração Positiva.

Neste capítulo, exploramos como a vibração positiva pode influenciar nossa jornada em direção ao sucesso autêntico. Discutimos como nossos pensamentos, emoções e energia têm um impacto significativo em nossas experiências e resultados na vida. Abordamos como cultivar uma vibração positiva nos ajuda a atrair oportunidades, pessoas e circunstâncias alinhadas com nossos objetivos e valores mais elevados.

A Importância da Vibração Positiva: Energizando a Jornada da Vida

A vibração positiva é uma força poderosa que permeia todas as áreas de nossas vidas, moldando nossa realidade e influenciando nossas experiências diárias. Neste capítulo, exploraremos a importância de manter uma vibração positiva e como isso pode impactar profundamente nossa jornada de vida.

1.

Criando uma Mentalidade Positiva:

Uma mentalidade positiva é fundamental para cultivar uma vibração positiva. Quando escolhemos ver o mundo com otimismo e gratidão, atraímos mais situações positivas para nossas vidas e lidamos melhor com os desafios que enfrentamos.

2.

Atraindo Oportunidades e Abundância:

Uma vibração positiva nos coloca em sintonia com a abundância e as oportunidades que o universo tem a oferecer. Ao irradiar energia positiva, criamos um campo magnético que atrai pessoas, eventos e circunstâncias alinhadas com nossos desejos e aspirações.

3.

Elevando o Bem-Estar e a Saúde:

A pesquisa científica demonstrou os benefícios de uma atitude positiva para a saúde e o bem-estar. Manter uma vibração positiva está associado a níveis mais baixos de estresse, maior resiliência emocional e até mesmo a uma vida mais longa e saudável.

4.

Fortalecendo Relacionamentos:

Pessoas com uma vibração positiva são naturalmente
atraentes e cativantes. Ao irradiar amor, compaixão e gratidão, fortalecemos nossos

relacionamentos e cultivamos conexões mais profundas e significativas com os outros.

5.

Superando Obstáculos com Resiliência:

Uma vibração positiva nos capacita a enfrentar os desafios com resiliência e determinação. Em vez de nos deixarmos abater pelo fracasso ou pela adversidade, vemos cada obstáculo como uma oportunidade de crescimento e aprendizado.

6.

Criando um Impacto Positivo no Mundo:

Quando mantemos uma vibração positiva, não apenas transformamos nossas próprias vidas, mas também influenciamos positivamente o mundo ao nosso redor. Nossas ações, palavras e energia têm o poder de inspirar e elevar os outros, criando um efeito cascata de bondade e positividade.

7.

Cultivando a Gratidão e a Apreciação:

A gratidão e a apreciação são aspectos essenciais de uma vibração positiva. Ao reconhecer e valorizar as bênçãos em nossas vidas, aumentamos nossa frequência vibracional e nos conectamos com a energia positiva do universo.

Conclusão:

Manter uma vibração positiva é uma escolha consciente que podemos fazer a cada momento de nossas vidas. Ao cultivar uma mentalidade positiva, praticar a gratidão e espalhar amor e bondade, estamos elevando não apenas nossa própria experiência de vida, mas também contribuindo para a criação de um mundo mais amoroso, harmonioso e vibrante. Que possamos todos escolher vibrar na frequência do amor, da alegria e da gratidão, iluminando o caminho para um futuro mais brilhante e cheio de possibilidades infinitas.

Capítulo 19

Práticas para Elevar a Vibração.

No trigésimo segundo capítulo, examinamos práticas e técnicas para elevar nossa vibração e sintonizar com estados emocionais mais elevados. Discutimos estratégias para cultivar pensamentos positivos, praticar a gratidão, visualizar o sucesso e praticar o autocuidado como formas de aumentar nossa vibração e expandir nossa consciência. Abordamos como essas práticas simples podem nos ajudar a sintonizar com o fluxo da vida e manifestar nossos desejos mais profundos com mais facilidade e rapidez.

Elevar a vibração é uma prática contínua que nos ajuda a sintonizar com energias positivas e a criar uma realidade mais gratificante e abundante. Aqui estão algumas práticas que podem ajudar a elevar sua vibração:

1. Prática da Gratidão:

Reserve alguns minutos todas as manhãs ou no final do dia para refletir sobre as coisas pelas quais você é grato. Escreva em um diário de gratidão ou simplesmente mentalize essas coisas em sua mente. A gratidão é uma poderosa âncora para energias positivas.

2. Meditação e Mindfulness:

Dedique um tempo diário para meditar e praticar o mindfulness. A meditação ajuda a acalmar a mente, reduzir o estresse e aumentar a consciência do momento presente, enquanto o mindfulness nos ajuda a nos conectar mais profundamente com nossos pensamentos, sentimentos e experiências.

3. Prática de Amor e Bondade:

Pratique atos de bondade e compaixão em sua vida diária. Isso pode incluir fazer algo gentil por alguém, enviar pensamentos amorosos para pessoas ao seu redor ou simplesmente sorrir e ser amável com estranhos.

4. Conexão com a Natureza:

Passe algum tempo ao ar livre e conecte-se com a natureza. Caminhe em um parque, respire o ar fresco e aprecie a beleza ao seu redor. A natureza tem uma vibração naturalmente elevada que pode nos ajudar a elevar nossas próprias energias.

5. Cultivo de Pensamentos Positivos:

Preste atenção aos seus pensamentos e substitua os pensamentos negativos por positivos sempre que possível. Pratique o autoamor e a autoaceitação, reconhecendo seus próprios pontos fortes e celebrando suas conquistas, por menores que sejam.

6. Prática de Afirmações Positivas:

Use afirmações positivas para reforçar crenças positivas sobre si mesmo e sobre a vida. Repita afirmações como "Eu sou digno de amor e felicidade" ou "Eu sou capaz de enfrentar qualquer desafio que surgir em meu caminho" regularmente.

7. Exercícios Físicos e Movimento:

Pratique exercícios físicos regularmente para liberar endorfinas e aumentar sua energia. Dançar, praticar ioga, caminhar ou fazer qualquer atividade que você goste pode elevar sua vibração e melhorar seu bem-estar geral.

8. Limpeza Energética:

Pratique técnicas de limpeza energética, como a visualização de uma luz branca purificadora, banhos de sal grosso ou o uso de cristais energéticos para remover energias negativas e elevar sua vibração.

9. Expressão Criativa:

Envolva-se em atividades criativas que o inspirem e o tragam alegria, como pintura, escrita, música, jardinagem ou qualquer outra forma de expressão artística que ressoe com você. A expressão criativa pode ajudar a liberar emoções e elevar sua vibração.

10. Cuidado com o que Você Consome:

Esteja consciente do que você consome, seja alimentação, mídia ou relacionamentos. Procure nutrir seu corpo, mente e espírito com alimentos saudáveis, informações positivas e relacionamentos que o apoiem em sua jornada de elevação de vibração.

Lembre-se de que elevar sua vibração é uma jornada pessoal e única, e as práticas que funcionam para uma pessoa podem não funcionar para outra. Experimente diferentes técnicas e descubra o que ressoa melhor com você. O importante é cultivar uma prática regular que o ajude a se conectar com energias positivas e a viver uma vida mais plena e gratificante.

Capítulo 20

A Lei da Atração e a Vibração.

A Lei da Atração é um princípio metafísico que sugere que nossos pensamentos, sentimentos e vibrações energéticas têm o poder de atrair experiências semelhantes para nossas vidas. Em outras palavras, aquilo em que focamos nossa atenção e energia tende a se manifestar em nossa realidade. A vibração, nesse contexto, refere-se à qualidade da energia que emitimos para o universo, e acredita-se que uma vibração positiva atrai eventos e circunstâncias positivas, enquanto uma vibração negativa atrai o oposto.

A relação entre a Lei da Atração e a vibração reside no princípio de que nossos pensamentos e emoções têm uma frequência energética que ressoa com experiências semelhantes. Quando estamos em um estado de vibração positiva, emitimos energia positiva para o universo, o que, por sua vez, atrai eventos e situações positivas para nossas vidas. Da mesma forma, uma vibração negativa pode atrair experiências indesejadas.

Para aplicar a Lei da Atração e elevar nossa vibração, é importante cultivar pensamentos positivos, sentimentos de gratidão, amor e alegria, e visualizar os resultados desejados como se já fossem realidade. Práticas como meditação, afirmações positivas, expressão criativa e conexão com a natureza podem ajudar a elevar nossa vibração e alinhar nossos pensamentos e emoções com aquilo que queremos manifestar em nossas vidas.

No entanto, é essencial lembrar que a Lei da Atração não é uma solução mágica para todos os problemas, e que também é necessário agir de acordo com nossos objetivos e tomar medidas concretas para alcançá-los. Além disso, nem tudo o que acontece em nossas vidas pode ser explicado pela Lei da Atração, e existem muitos fatores que influenciam nossas experiências além de nossos pensamentos e emoções.

Em resumo, a Lei da Atração e a vibração estão intrinsecamente ligadas, sugerindo que nossos estados internos têm o poder de moldar nossa realidade externa. Ao cultivar uma vibração positiva e direcionar nossos pensamentos e emoções para o que desejamos manifestar, podemos aumentar a probabilidade de atrair experiências positivas e realizar nossos objetivos e sonhos.

Neste capítulo, exploramos a conexão entre a vibração positiva e a Lei da Atração. Discutimos como a Lei da Atração afirma que nossas vibrações energéticas atraem experiências semelhantes para nós, e como isso pode ser usado de forma consciente para manifestar nossos objetivos e sonhos. Abordamos estratégias para alinhar nossa vibração com nossos desejos mais profundos, incluindo a prática de afirmações positivas, a visualização criativa e a prática da aceitação e desapego.

Celebrando a Vibração Positiva em Nossas Vidas: Cultivando Gratidão, Alegria e Abundância

A vibração positiva é uma energia contagiante que ilumina
nossas vidas e nos guia em direção a experiências mais gratificantes e
significativas. Neste capítulo, vamos celebrar a vibração positiva em nossas
vidas, reconhecendo as muitas maneiras pelas quais ela nos enriquece e nos inspira.

1.

Gratidão como Fundação:

A gratidão é a base da vibração positiva. Ao reconhecer e apreciar as bênçãos em nossas vidas, cultivamos uma mentalidade de abundância e atraímos mais coisas para as quais sermos gratos. Vamos celebrar cada momento, cada pessoa e cada experiência que nos enche de gratidão.

2.

Alegria nos Pequenos Detalhes:

Encontre alegria nos pequenos detalhes do dia a dia. Seja o calor do sol em seu rosto, o sorriso de um ente querido, ou uma xícara de café quente em uma manhã fria. A felicidade está presente em todos os lugares, se estivermos dispostos a procurá-la.

3.

Abundância em Todos os Aspectos:

Reconheça a abundância que o rodeia em todas as áreas de sua vida - saúde, amor, amizade, oportunidades e recursos. Ao celebrar a abundância presente em sua vida, você abre espaço para ainda mais prosperidade fluir em sua direção.

4.

Espalhando Amor e Bondade:

O amor e a bondade são energias poderosas que elevam nossa vibração e a daqueles ao nosso redor. Pratique atos de gentileza e compaixão todos os dias, seja um ouvido atento, um gesto amável ou um simples sorriso. Vamos espalhar amor e bondade onde quer que possamos.

5.

Vivendo com Propósito e Paixão:

Encontre e siga seu propósito na vida. Quando estamos alinhados com nossos valores e paixões, nossa vibração se eleva naturalmente.
Celebre cada passo dado em direção aos seus sonhos e viva com alegria e entusiasmo pelo que o futuro reserva.

6.

Conexão com a Natureza:

Reconecte-se com a beleza e a serenidade da natureza.
Passe tempo ao ar livre, respire o ar fresco, sinta a terra sob seus pés e admire a beleza ao seu redor.

A natureza tem uma vibração naturalmente elevada que pode nos inspirar e renovar.

7.

Compartilhando Suas Bênçãos:

Compartilhe suas bênçãos e prosperidade com os outros.
Seja generoso com seu tempo, recursos e amor, sabendo que o ato de dar é uma poderosa forma de aumentar sua própria vibração e a de quem recebe.

Conclusão:

À medida que celebramos a vibração positiva em nossas vidas, estamos nos sintonizando com a energia do amor, gratidão e alegria que
nos cerca. Que possamos continuar cultivando essa vibração em tudo o que fazemos, espalhando luz e bondade onde quer que vamos. Ao fazê-lo, estamos criando um mundo mais brilhante e amoroso para todos nós compartilharmos.

Capítulo 21

Cultivando uma Vida de Vibração Positiva e Significado Profundo.

Ao explorarmos os temas de gratidão, alegria, propósito, conexão e abundância, mergulhamos em uma jornada de autodescoberta e crescimento pessoal. A vibração positiva, que permeia cada aspecto de nossas vidas, revela-se como a força motriz por trás de nossas experiências mais significativas e transformadoras.

Ao cultivarmos a gratidão em nossos corações, encontramos uma fonte infinita de contentamento e apreciação por tudo o que nos rodeia. A alegria, por sua vez, nos convida a celebrar cada momento, reconhecendo a beleza e a magia presentes em nossa existência diária.

Descobrimos que o verdadeiro propósito de nossas vidas reside na busca daquilo que nos apaixona e nos inspira, e ao seguirmos esse chamado, encontramos uma fonte inesgotável de significado e realização.

A conexão com os outros e com o mundo ao nosso redor nos lembra de nossa interconexão universal e nos enche de compaixão, empatia e amor. Essas conexões nos nutrem e nos fortalecem, criando laços que transcendem as fronteiras do tempo e do espaço.

Por fim, ao abraçarmos a abundância que nos cerca e compartilharmos generosamente nossas bênçãos com os outros, descobrimos a verdadeira riqueza que reside em dar e receber, em servir e ser servido.

À medida que concluímos esta jornada de exploração e descoberta, somos lembrados de que a vida é uma dádiva preciosa, repleta de oportunidades para crescimento, aprendizado e amor. Que possamos continuar cultivando uma

vibração positiva em nossas vidas, espalhando luz e bondade onde quer que vamos, e celebrando a beleza e a maravilha do presente momento.

Que cada passo dado nesta jornada nos leve mais perto de viver uma vida plena de significado, propósito e alegria. E que, ao compartilharmos nossa luz com o mundo, possamos iluminar o caminho para um futuro mais brilhante e amoroso para todos.

Capítulo Final

Conclusão

Conclusão: Alcançando o Sucesso com Integridade e Autenticidade

À medida que exploramos o tema do sucesso sem mentira, mergulhamos em uma jornada de autenticidade, integridade e honestidade. Descobrimos que o verdadeiro sucesso não é medido apenas por conquistas materiais ou status social, mas sim pela maneira como vivemos nossas vidas e pelo impacto que temos sobre os outros e o mundo ao nosso redor.

Aprendemos que o caminho para o sucesso genuíno exige que sejamos verdadeiros conosco mesmos e com os outros, cultivando valores como ética, transparência e responsabilidade. Em um mundo muitas vezes dominado pela pressão social e pela competição desenfreada, é fácil ser tentado a tomar atalhos ou comprometer nossos princípios em busca do sucesso rápido.

No entanto, descobrimos que tais ganhos são efêmeros e insatisfatórios, deixando-nos vazios e desprovidos de verdadeiro significado. Em contraste, o sucesso conquistado com integridade e autenticidade é duradouro e gratificante, trazendo consigo uma sensação de realização profunda e uma conexão genuína com nossos valores e propósitos mais elevados.

Através de exemplos inspiradores e reflexões pessoais, aprendemos que a jornada para o sucesso sem mentira é muitas vezes desafiadora e repleta de obstáculos, mas também é profundamente gratificante e enriquecedora. Ao nos comprometermos a viver de acordo com nossos princípios e a perseguir nossos objetivos com integridade, descobrimos uma fonte inesgotável de força interior e resiliência.

À medida que concluímos esta jornada de exploração e descoberta, somos lembrados de que o verdadeiro sucesso não reside apenas em alcançar metas ou acumular riquezas, mas sim em viver uma vida alinhada com nossos valores mais profundos e contribuir de forma significativa para o bem-estar dos outros e do mundo.

Que possamos continuar buscando o sucesso sem mentira, honrando nossa verdade interior e agindo com integridade em todas as áreas de nossas vidas. E que, ao fazermos isso, possamos inspirar outros a seguirem o mesmo caminho, criando um mundo mais autêntico, compassivo e próspero para todos.

Nossa jornada em busca do sucesso sem mentira nos ensinou valiosas lições sobre a importância da honestidade, da ética e da autenticidade. Descobrimos que o verdadeiro sucesso não está apenas no destino final, mas sim na integridade do caminho que percorremos para alcançá-lo.

Ao longo dessa jornada, aprendemos que a verdadeira riqueza está em nossos relacionamentos genuínos, em nosso crescimento pessoal e na contribuição positiva que podemos oferecer ao mundo. Entendemos que o sucesso sem mentira não é apenas uma meta a ser alcançada, mas sim um compromisso contínuo de viver de acordo com nossos valores mais elevados.

À medida que seguimos em frente, lembramo-nos de que a honestidade consigo mesmo e com os outros é o alicerce sobre o qual construímos nosso sucesso. Nos momentos de desafio, mantemos nossa integridade e permanecemos fiéis aos nossos princípios, sabendo que é possível alcançar nossos objetivos de maneira ética e autêntica.

À medida que concluímos esta jornada, celebramos não apenas nossas conquistas, mas também o crescimento e a transformação que ocorreram ao longo do caminho. Continuamos comprometidos com a busca do sucesso sem mentira, sabendo que cada passo dado com integridade nos aproxima cada vez mais de uma vida de significado, propósito e verdadeiro sucesso. Que possamos continuar inspirando e sendo inspirados por outros a seguir esse nobre caminho, criando um mundo onde o sucesso é medido não apenas pela riqueza material, mas pela integridade do coração e da alma.

Nossa jornada em busca do sucesso sem mentira nos ensinou que a verdadeira grandeza reside na maneira como vivemos nossas vidas e nas marcas que deixamos no mundo. Descobrimos que o sucesso autêntico não é apenas sobre acumular conquistas ou riquezas, mas sim sobre quem nos tornamos no processo e como impactamos positivamente a vida das pessoas ao nosso redor.

Ao longo dessa jornada, aprendemos que a honestidade e a integridade são os pilares fundamentais sobre os quais construímos nosso caminho para o sucesso. Entendemos que, embora possa ser tentador buscar atalhos ou comprometer nossos valores em busca de ganhos rápidos, é a nossa integridade que verdadeiramente nos sustenta e nos leva adiante.

À medida que seguimos em frente, lembramo-nos de que o sucesso sem mentira não é uma linha de chegada, mas sim uma jornada contínua de crescimento, aprendizado e evolução pessoal. Nos momentos de adversidade, mantemos nossa cabeça erguida e nossos valores firmes, sabendo que a verdadeira força reside na nossa capacidade de permanecer fiéis a nós mesmos, independentemente das circunstâncias.

Ao concluirmos esta jornada, celebramos não apenas nossas realizações, mas também a jornada de autodescoberta e autenticidade que percorremos. Continuamos comprometidos em viver com integridade e em contribuir positivamente para o mundo ao nosso redor, sabendo que é assim que verdadeiramente alcançamos o sucesso duradouro e significativo. Que possamos continuar inspirando e sendo inspirados por outros a seguir esse caminho nobre, criando um mundo onde a honestidade, a ética e a autenticidade sejam os pilares sobre os quais construímos um futuro brilhante e promissor para todos.

Nesta jornada em busca do sucesso sem mentira, percebemos que a verdadeira essência do sucesso vai além de simplesmente atingir metas ou acumular bens materiais. Aprendemos que o verdadeiro sucesso reside na jornada interior de autodescoberta, crescimento pessoal e conexão genuína com os outros.

Ao longo dessa jornada, encontramos desafios que testaram nossa integridade e nos forçaram a refletir sobre nossos valores mais profundos. Descobrimos que a honestidade e a transparência são fundamentais para construir relacionamentos significativos e sustentáveis, tanto pessoais quanto profissionais.

À medida que avançamos, percebemos que o sucesso sem mentira não é apenas uma meta a ser alcançada, mas sim um compromisso contínuo de viver em alinhamento com nossos princípios e valores. Reconhecemos que, embora possa haver tentações ou pressões para seguir caminhos menos éticos, é nossa integridade que nos guia e nos sustenta, mesmo nas situações mais desafiadoras.

Ao concluir esta jornada, celebramos não apenas nossas conquistas externas, mas também o crescimento interno e a evolução pessoal que experimentamos ao longo do caminho. Continuamos comprometidos em cultivar uma vida de autenticidade, honestidade e compaixão, sabendo que é dessa maneira que verdadeiramente prosperamos e contribuímos para um mundo melhor para todos.

Que possamos continuar inspirando e sendo inspirados por outros a viver com integridade e a perseguir o sucesso de uma maneira que honre nossa verdadeira essência e promova o bem-estar de todos ao nosso redor. Juntos, podemos criar um futuro onde o sucesso seja definido não apenas por conquistas externas, mas pela integridade e autenticidade de nossas ações.

Na conclusão deste livro, celebramos o poder transformador da vibração positiva em nossas vidas e em nossa busca pelo sucesso autêntico. Refletimos sobre as maneiras pelas quais a vibração positiva pode nos capacitar a criar a vida que desejamos e a manifestar nossos sonhos mais profundos. Encorajamos os leitores a cultivar uma vibração positiva em todas as áreas de suas vidas e a usar esse poderoso recurso interior para alcançar um sucesso duradouro e significativo, onde a alegria, a gratidão e o amor são os pilares fundamentais de sua existência.

Sucesso sem mentira, por Anderson Barbosa.

Frases Inspiradoras

O sucesso é a recompensa da persistência.

Cada passo em direção ao seu objetivo é um passo em direção ao sucesso.

O sucesso não é um destino, mas uma jornada contínua.

O sucesso é a soma de pequenos esforços repetidos dia após dia.

Acredite no seu potencial e o sucesso virá.

O sucesso é alcançado quando você supera seus próprios limites.

O sucesso é construído sobre a base da determinação.

O sucesso é a conquista da sua visão mais audaciosa.

O sucesso não é sorte, é resultado de trabalho árduo e dedicação.

O sucesso é encontrar satisfação no que você faz.

Não existe atalho para o sucesso, apenas trabalho duro.

O sucesso não é medido pelo que você alcança, mas pelo que você supera.

O sucesso é a recompensa da coragem de enfrentar desafios.

O sucesso é o resultado da combinação entre talento e esforço.

O sucesso é a consequência natural da excelência.

A chave do sucesso é a disciplina.

O sucesso é alcançado quando você não desiste, apesar das adversidades.

O sucesso é a realização dos seus sonhos mais profundos.

O sucesso é o reflexo do seu comprometimento com a excelência.

O sucesso é a manifestação externa do seu crescimento pessoal.

O sucesso é o resultado da perseverança diante das dificuldades.

O sucesso é o fruto do trabalho inteligente e consistente.

O sucesso é a conquista da sua melhor versão.

O sucesso é o resultado da combinação entre preparação e oportunidade.

O sucesso é a soma de pequenas vitórias diárias.

O sucesso é alcançado quando você transforma desafios em oportunidades.

O sucesso é o reconhecimento do seu valor.

O sucesso é a recompensa da resiliência.

O sucesso é a realização dos seus objetivos mais ambiciosos.

O sucesso é a consequência de fazer o que você ama.

O sucesso é a jornada de autoconhecimento e crescimento pessoal.

O sucesso é a materialização dos seus esforços consistentes.

O sucesso é a prova de que você é capaz de superar obstáculos.

O sucesso é a consequência natural da determinação inabalável.

O sucesso é o resultado da sabedoria em aprender com os fracassos.

O sucesso é alcançado quando você se mantém fiel aos seus princípios.

O sucesso é a recompensa da perseverança frente à adversidade.

O sucesso é a manifestação externa da sua força interior.

O sucesso é a expressão máxima do seu potencial.

O sucesso é a vitória sobre os seus medos.

O sucesso é o reconhecimento da sua dedicação e comprometimento.

O sucesso é a recompensa da coragem de seguir em frente.

O sucesso é alcançado quando você se recusa a desistir.

O sucesso é a concretização dos seus sonhos mais ousados.

O sucesso é a realização das suas aspirações mais profundas.

O sucesso é a consequência da sua persistência incansável.

O sucesso é a prova de que vale a pena lutar pelos seus objetivos.

O sucesso é a recompensa da sua resiliência e determinação.

O sucesso é alcançado quando você mantém o foco em seus objetivos.

O sucesso é a conquista da sua melhor versão.

O sucesso é a recompensa da sua paixão e dedicação.

O sucesso é a realização dos seus ideais mais nobres.

O sucesso é a consequência da sua capacidade de adaptação.

O sucesso é a materialização dos seus sonhos mais audaciosos.

O sucesso é alcançado quando você se mantém fiel aos seus valores.

O sucesso é a consequência natural do seu comprometimento com a excelência.

O sucesso é a prova de que você é capaz de superar qualquer obstáculo.

O sucesso é a manifestação externa da sua determinação inquebrável.

O sucesso é alcançado quando você acredita em si mesmo.

O sucesso é a recompensa da sua constância e perseverança.

O sucesso é a realização dos seus objetivos mais desafiadores.

O sucesso é a consequência da sua atitude positiva diante da vida.

O sucesso é a prova de que você é capaz de transformar sonhos em realidade.

O sucesso é alcançado quando você abraça a mudança com coragem.

O sucesso é a materialização das suas metas mais ambiciosas.

O sucesso é a recompensa da sua determinação em vencer.

O sucesso é alcançado quando você se desafia a ir além dos seus limites.

O sucesso é a realização dos seus sonhos mais profundos.

O sucesso é a consequência da sua capacidade de aprender e crescer.

O sucesso é a manifestação externa da sua perseverança inabalável.

O sucesso é alcançado quando você mantém o foco em suas metas.

O sucesso é a recompensa da sua coragem em enfrentar desafios.

O sucesso é a prova de que você é capaz de alcançar o impossível.

O sucesso é a materialização dos seus esforços incansáveis.

O sucesso é a realização dos seus objetivos mais ousados.

O sucesso é alcançado quando você persiste, mesmo diante das adversidades.

O sucesso é a consequência da sua determinação em seguir em frente.

O sucesso é a prova de que você é capaz de superar qualquer obstáculo.

O sucesso é a manifestação externa do seu comprometimento com a excelência.

O sucesso é alcançado quando você se recusa a aceitar o fracasso como uma opção.

O sucesso é a recompensa da sua resiliência e coragem.

O sucesso é a realização dos seus sonhos mais profundos.

O sucesso é alcançado quando você se mantém fiel aos seus valores.

O sucesso é a consequência da sua persistência incansável.

O sucesso é a prova de que você é capaz de alcançar grandes alturas.

O sucesso é a materialização dos seus esforços consistentes.

O sucesso é a realização dos seus objetivos mais desafiadores.

O sucesso é a consequência da sua capacidade de adaptação às circunstâncias.

O sucesso é alcançado quando você mantém a mente aberta para novas oportunidades.

O sucesso é a recompensa da sua dedicação em se tornar melhor a cada dia.

O sucesso é a realização dos seus sonhos mais ousados.

O sucesso é alcançado quando você assume a responsabilidade pelo seu próprio destino.

O sucesso é a consequência da sua habilidade em transformar desafios em oportunidades.

O sucesso é a manifestação externa da sua determinação em vencer as adversidades.

O sucesso é alcançado quando você se permite aprender com os fracassos.

O sucesso é a recompensa da sua perseverança e trabalho árduo.

O sucesso é a realização dos seus objetivos mais ambiciosos.

O sucesso é alcançado quando você se mantém fiel à sua visão, mesmo quando ninguém mais acredita nela.

O sucesso é a consequência da sua capacidade de manter a calma sob pressão.

O sucesso é a materialização dos seus sonhos mais profundos.

Espero que essas frases sobre sucesso sejam inspiradoras e motivadoras para você!

Biografia

"Sucesso Sem Mentira" nasceu da paixão do autor pelo empreendedorismo e pela busca de um caminho que une sucesso profissional e integridade moral. Com uma carreira consolidada no mundo dos negócios, o autor testemunhou em primeira mão os desafios e dilemas éticos enfrentados por muitos profissionais em suas jornadas para o topo. Inspirado pela sua própria jornada e pela busca incessante por um equilíbrio entre prosperidade financeira e valores sólidos, o autor decidiu compartilhar suas experiências, lições aprendidas e insights valiosos neste livro. "Sucesso Sem Mentira" não é apenas uma obra sobre estratégias de negócios; é uma declaração de compromisso com a honestidade, ética e responsabilidade, oferecendo aos leitores um guia prático e inspirador para alcançar o sucesso sem comprometer seus princípios. Com uma abordagem franca e empática, este livro convida os leitores a repensarem suas definições de sucesso e a embarcarem em uma jornada de autodescoberta e crescimento pessoal.

Sinopse

"Sucesso Sem Mentira"

"Em 'Sucesso Sem Mentira', o autor mergulha nas complexidades do mundo empresarial, oferecendo não apenas uma abordagem pragmática para alcançar o sucesso, mas também uma reflexão profunda sobre a integridade e os valores morais que sustentam verdadeiramente uma carreira de sucesso. Através de histórias inspiradoras, insights perspicazes e conselhos práticos, o autor desafia os leitores a redefinir sua definição de sucesso, enfatizando a importância de honestidade, ética e empatia no caminho para alcançar objetivos profissionais e pessoais. 'Sucesso Sem Mentira' é mais do que um guia de negócios - é um convite para uma jornada de autodescoberta e crescimento, onde o sucesso é medido não apenas pelos resultados financeiros, mas também pela integridade e impacto positivo que deixamos no mundo ao nosso redor."

A meu Pai Celestial, cujo amor inabalável e orientação constante moldaram minha jornada e inspiraram cada palavra deste livro. Sua presença é a rocha sobre a qual construo minha vida e meus sonhos. Em gratidão, dedico "Sucesso Sem Mentira" a Ti, meu Pai amoroso. Que este livro seja uma luz que reflete a Sua glória eterna. Como diz em Provérbios 3:6: "Reconhece-o em todos os teus caminhos, e ele endireitará as tuas veredas."

www.ingramcontent.com/pod-product-compliance
Lightning Source LLC
Chambersburg PA
CBHW061048250726
48653CB00001B/309